AF264233

DISCOURS

PRONONCÉ AU MARIAGE

DU PRINCE MARCEL CZARTORYSKI

AVEC

Mlle SUZANNE DE CARAMAN-CHIMAY

LE 31 JUILLET 1866

A L'ÉGLISE DES MISSIONS ÉTRANGÈRES A PARIS

PAR M. L'ABBÉ MARIE-BERNARD BAUER

Docteur en théologie,
Vicaire général honoraire de Saint-Brieuc et de Tréguier.

DISCOURS

PRONONCÉ AU MARIAGE

DU PRINCE MARCEL CZARTORYSKI

AVEC

Mlle SUZANNE DE CARAMAN-CHIMAY

LE 31 JUILLET 1866

À L'ÉGLISE DES MISSIONS ÉTRANGÈRES A PARIS

PAR M. L'ABBÉ MARIE-BERNARD BAUER

Docteur en théologie,

Vicaire général honoraire de Saint-Brieuc et de Tréguier.

Il y a trente ans que la bénédiction de l'Église consacra au pied de ce même autel les serments de deux cœurs qui, après s'être juré en Jésus-Christ un amour sans tache, peuvent se rendre aujourd'hui le doux et glorieux témoignage que toute leur vie n'a été que la ratification permanente de leurs serments.

Vous êtes, ma bien chère fille, un des fruits de cette union bénie, et, par un de ces hasards divins dans lesquels notre foi se plaît à deviner un présage, à affirmer une prophétie et à rencontrer une bénédiction dans une grâce de choix, vous venez aujour-

d'hui prononcer le même serment au pied du même autel, recevoir la même bénédiction dans le même sanctuaire, et puiser la même force dans le même sacrement. Touchante coïncidence qui a une double signification dont votre cœur est l'interprète; car il semble dire, en ce moment, au Dieu qui nous écoute : « Mon Dieu, bénissez-moi de cette même bénédiction « de choix dont, il y a trente ans, vous bénîtes ma « mère, de cette bénédiction forte et suave qui la fit « chrétienne, épouse, mère accomplie, » et il semble dire à cette mère qui vous assiste : « Fortifiée par la « même bénédiction dans le même lieu, je veux être « ce que vous fûtes, et toute ma vie à venir peut se « symboliser dans ces deux paroles : Vous imiter. »

Je ne puis évoquer, il est vrai, l'image de ce bonheur qui ne fut qu'un long acte de vertu, sans rencontrer le souvenir d'une douleur que j'appellerai presque inguérissable, sans rencontrer... un tombeau. Mais le désir que vous m'avez manifesté que la place vide d'un père bien-aimé, trop tôt ravi à tant de saintes et fortes tendresses, de ce père qui, au moment où nos regrets l'évoquent de la tombe, du haut de la gloire de Dieu s'associe à nos prières et participe à notre joie, ce désir que cette place fût marquée d'une parole et d'une larme est trop chrétien et trop filial pour que je ne m'y rendisse volontiers, d'autant plus volontiers qu'il sied bien à la majesté de la parole chrétienne de rappeler, devant le spectacle des joies les plus hautes et les plus pures d'ici-bas, leur irrémédiable caducité, et de montrer ainsi aux âmes les plus légitimement épanouies dans ce bonheur immense qui s'appelle : s'unir à ce que l'on aime (ce bonheur que je pourrais appeler culminant, s'il n'y avait au-dessus de lui des joies sacerdotales) ; de leur montrer, dis-je, par delà toutes les pompes joyeuses du temps, l'horizon immuable de l'éternité.

Mais, s'il sied bien à votre piété filiale de se souvenir de cette bénédiction d'outre-tombe, s'il sied toujours à des noces chrétiennes de sanctifier leur allégresse en y mêlant le souvenir grave des noces éternelles, *nuptiæ Agni*, il me semble particulièrement opportun, et en quelque sorte indispensable, de jeter au milieu de l'hymne de joie qui est le chant légitime de cette heure, des mots graves et solennels, tels que : douleur et larmes, mort et sépulture. Car, ma fille, vous savez que, par le serment que votre cœur a hâte de prononcer, vous allez devenir *Polonaise*. Dès lors, à partir de cette heure, la cause de la Pologne sera votre cause et ses douleurs seront vos douleurs. Mais cette cause, l'univers le sait, et nous n'excédons pas les bornes de la prudence et de la réserve sacerdotale en le répétant après tant de faits, tant de voix, tant de sanglots qui l'attestent à chaque heure, cette cause est la plus douloureuse et la plus sanglante tragédie de l'Europe et peut-être du monde, puisqu'il n'y a rien et qu'il ne peut y avoir rien de plus grand sous le soleil que la justice et la vérité, et que jamais et nulle part la patience de Dieu n'a permis un attentat semblable à celui-ci contre la justice et contre la vérité, c'est-à-dire contre l'existence de tout un peuple au sein de l'Église et contre l'existence de l'Église au sein de ce peuple.

Mais, si de telles pensées se présentent spontanément au cœur du prêtre au moment de bénir toute union destinée à donner des enfants à la Pologne, ces pensées s'imposent avec une évidence souveraine à cette heure et devant le nom grand et glorieux entre tous qui sera désormais le vôtre et qui est à lui seul toute une histoire, et quelle histoire!

Filiation royale, illustration aussi antique que le règne de la Croix elle-même dans l'Europe septentrionale, souveraine magistrature, gloire des armes, gloire des lettres, gloire des arts, constance invincible, sacrifices sans bornes, infortunes sans nom, espoir contre toute espérance, courage que rien ne peut abattre, foi sans tache que rien ne peut tenter; puis, au jour des extrêmes revers, les confiscations, les supplices et les exils, et, jusqu'au sein de cet exil, les épaves d'une opulence royale amoindrie bien plus encore par le partage volontaire avec les soldats et les orphelins de la cause nationale que par la rapacité brutale de l'étranger, et enfin, par-dessus tout, une fidélité inviolable à la foi catholique: telle est l'histoire dont vous êtes, mon cher fils, non-seulement l'héritier par la voie du sang, mais, permettez à mon impartiale tendresse de le proclamer devant les saints autels, par des traditions directes puisées dans le sein maternel, une des plus nobles, des plus chevaleresques et des plus complètes personnifications.

Dès lors, ne vous étonnez pas, ni vous, ma fille, ni vous tous qui êtes venus pour mêler vos prières et vos vœux à nos vœux et à nos prières, ne vous étonnez pas si, au lieu de me borner à rappeler à ces jeunes cœurs qui se sont choisis en Jésus-Christ les devoirs généraux du christianisme, je cherche, au delà de ces obligations générales, des devoirs plus spéciaux qui, loin de resserrer l'horizon de ma parole, l'élargissent et nous font voir, destinée glorieuse autant que sublime et rare, les devoirs d'une jeune fille au jour de ses noces se confondant mystérieusement avec la vie de tout un peuple et avec le sort de toute une nation.

Vous aimerez donc désormais la Pologne, ma chère enfant, vous l'aimerez de toute votre âme, de tout votre cœur, de toutes vos forces, vous l'aimerez de tout vous-même; vous l'aimerez des deux amours les plus forts qu'il y ait en dehors de celui de la famille, vous l'aimerez de l'amour dont on aime la patrie, et, j'ose le dire, vous l'aimerez de l'amour dont on aime Dieu.

Vous l'aimerez de l'amour dont on aime la patrie. La patrie! mot au son magique, mot si vibrant que je ne puis que plaindre celui à qui ce mot ne dit rien; mot si auguste que l'esprit de Dieu, quand il crée l'éloquence sur des lèvres mortelles, n'a su nommer par elles le ciel lui-même d'aucun nom qui fût plus beau que celui de *patrie des âmes*.

Vous l'aimerez de l'amour dont on aime Dieu.

Une des luttes les plus douloureuses qu'il y ait ici-bas pour l'homme, c'est d'avoir à choisir entre sa foi politique et sa foi religieuse, d'avoir à opter, par une élection déchirante, entre la patrie et Dieu.

Ainsi quand les apôtres à Jérusalem, sommés au nom de la loi par les autorités constituées de cesser leur prédication, aimèrent mieux obéir à Dieu qu'aux hommes, *melius est obedire Deo quam hominibus,* ils conjurent et ils vainquirent cette douleur.

Quand Thomas Morus et tant d'autres portèrent leurs têtes sur l'échafaud de Westminster-Hall, ils triomphèrent par le supplice de leurs corps de ce supplice de leurs âmes.

Quand la hache terroriste frappa indistinctement, dans notre chrétienne France, toute tête marquée par trop visiblement du stigmate de la Croix, des milliers de vies, et des meilleures, furent immolées en holocauste à la lutte terrible de ces deux amours contradictoires.

Mais quand, au contraire, un peuple tout entier se lève dans l'affirmation unanime de sa foi, chante des hymnes devant la pointe des baïonnettes, prie agenouillé en face de la mitraille, nomme Jésus-Christ d'une voix plus retentissante que la voix du canon, oh! alors, comme ces deux amours, celui de la patrie et celui de Dieu, loin de se combattre, s'enlacent et s'identifient, en se prêtant l'un à l'autre l'héroïsme et la jeunesse de leur mutuelle immortalité!

Aussi, plus vous vous sentirez Polonaise, plus vous aimerez Jésus-Christ, et plus vous aimerez Jésus-Christ, plus aussi vous aimerez la Pologne.

Vous l'aimerez enfin, cette chère et héroïque Pologne, vous l'aimerez d'un troisième amour, oserai-je le dire? plus fort encore que les deux autres, parce qu'il est leur produit mutuel exalté par un concours mystérieux (le plus puissant créateur de tendresse qu'il y ait), vous l'aimerez comme on aime la patrie au jour de l'infortune, comme on aime la foi à l'heure de la persécution, vous l'aimerez comme on aime... le malheur.

Car le malheur, non pas cette déchéance sordide, châtiment légitime du démérite qui ne saurait créer que la pitié mêlée de mépris, cette mort de l'amour dans les âmes élevées, mais le malheur immérité autant que noblement supporté qui a créé des passions sans nom dans le cœur des saints pour Jésus-Christ délaissé, bafoué, crucifié, pour Jésus-Christ aimé nulle part autant que sur son gibet, ce malheur qui engendre une tendre compassion et un certain enthousiasme attendri qui commence par nous porter à aimer ce que nous voyons souffrir et qui finit par nous exalter jusqu'à vouloir souffrir avec et pour ce que nous avons appris à aimer; ce malheur, il serait. à défaut d'autres, un titre invincible que possède votre nouvelle patrie à votre amour, et si j'ai pu vous dire tout à l'heure : « Aimez-la comme vous aimez Jésus-Christ, » j'ajouterai maintenant : « Aimez-la comme on aime Jésus-Christ crucifié. »

Et quand vous verrez les couleurs qui seront désormais les vôtres, souvenez-vous que le blanc, c'est la neige qui couvre les tombeaux, et que le rouge est le sang qui les a scellés.

Grand Dieu, vous allez bénir ce que je bénis et joindre ce que je joins! C'est avec une entière confiance que j'appelle sur ces deux têtes, qui me sont chères, votre regard de complaisance avec vos grâces de choix. Vous qui scrutez les cœurs. vous savez combien ils sont faits l'un pour l'autre et faits tous les deux pour vous. Rendez-les les modèles accomplis de deux époux chrétiens, chastes dans leur tendresse, fidèles à leur foi, constants dans l'épreuve, patients dans les revers, et, ce qui est plus difficile encore, humbles dans la grandeur.

Enfin, ô Dieu tout-puissant, qui abaissez les dominations et ressuscitez les peuples au gré de votre vouloir souverain, faites naître de l'union que je bénis une race forte, des chrétiens héroïques capables d'aider puissamment à accomplir la résurrection d'un peuple par leur vaillance et dignes d'en mériter le bienfait par leur vertu.

PARIS. — J. CLAYE, IMPRIMEUR, RUE SAINT-BENOÎT, 7.

IMPRIMERIE J. CLAYE — RUE SAINT-BENOIT 7 — PARIS